No se permite la reproducción total o parcial de esta obra, ni su incorporación a un sistema informático, ni su transmisión en cualquier forma o por cualquier medio (electrónico, mecánico, fotocopia, grabación u otros) sin autorización previa y por escrito de los titulares del copyright. La infracción de dichos derechos puede constituir un delito contra la propiedad intelectual.
¿Cuánto sabes de Fútbol? © Fútbol Rocks, 2023

¿CUÁNTO SABES DE FÚTBOL?

1 ¿QUÉ PORTERO SOVIÉTICO ERA CONOCIDO COMO "LA ARAÑA NEGRA"?

2 ¿EN QUÉ EQUIPO ITALIANO JUGÓ PAOLO MALDINI?

3 ¿EN QUÉ POSICIÓN JUGÓ EL COLOMBIANO CARLOS VALDERRAMA?

4 ¿DE DÓNDE FUE FICHADO EL BRASILEÑO ROBERTO CARLOS POR EL REAL MADRID?

5 ¿CUÁL FUE EL ÚLTIMO EQUIPO DE JUAN ROMÁN RIQUELME COMO PROFESIONAL?

6 ¿QUIÉN ES CONOCIDO COMO EL REY DEL FÚTBOL?

7 ¿QUÉ SELECCIÓN FUE CAMPEONA DEL CAMPEONATO MUNDIAL DE FÚTBOL DEL 2014?

8 ¿CUÁNDO GANÓ LIONEL MESSI SU PRIMER BALÓN DE ORO?

9 ¿QUÉ FAMOSO EQUIPO SE CONOCE COMO LOS REDS?

10 ¿CUÁNTOS BALONES DE ORO GANÓ LUIS FIGO?

11 ¿EN QUÉ EQUIPO TERMINÓ SU CARRERA EL FRANCÉS THIERRY HENRY?

12 ¿HA SIDO ALGUNA VEZ FRANCIA ANFITRIONA DE UNA COPA MUNDIAL DE FÚTBOL?

13 ¿CUÁL ES EL EQUIPO MÁS LAUREADO DE LA BUNDESLIGA?

14 ¿CUÁL ES LA PRINCIPAL LIGA DEL SISTEMA DE LIGAS DE FÚTBOL NORTEAMERICANO?

15 ¿EN QUÉ POSICIÓN JUGABA EL COLOMBIANO RENÉ HIGUITA?

16 ¿EN QUÉ EQUIPO BRITÁNICO JUGÓ GERARD PIQUÉ?

17 ¿CUÁNTOS MUNDIALES HA GANADO LA SELECCIÓN DE FÚTBOL DE PARAGUAY HASTA AHORA?

18 ¿EN QUÉ EQUIPO EUROPEO JUGÓ EL PERUANO HUGO "EL CHOLO" SOTIL?

19 CADA 4 AÑOS UNA EMPRESA DIFERENTE FABRICA EL CUERO CON EL QUE SE JUEGA EL MUNDIAL. ¿VERDADERO O FALSO?

20 ¿QUÉ ANIMAL FUE EL ESCOGIDO PARA ILUSTRAR LA MASCOTA DEL MUNDIAL DE RUSIA (2018)?

El éxito no es un accidente. Es trabajo duro, perseverancia, aprendizaje, estudio, sacrificio y, sobre todo, amor por lo que estás haciendo o aprendiendo a hacer.

Pelé

21 ¿CUÁNTOS MUNDIALES DE FÚTBOL HA GANADO ARGENTINA?

22 ¿QUÉ JUGADOR FRANCÉS DE ASCENDENCIA ARGELINA JUGÓ EN EL REAL MADRID?

23 ¿CÓMO SE LLAMA EL ESTADIO QUE SIRVE DE CASA PARA EL MANCHESTER UNITED?

24 ¿QUÉ NACIONALIDAD TIENE EL JUGADOR ANTOINE GRIEZMANN?

25 ¿QUÉ DOS EQUIPOS PROTAGONIZARON EL LLAMADO "MARACANAZO"?

26 ¿QUÉ JUGADOR ERA CONOCIDO COMO EL MOZART DEL FÚTBOL?

27 ¿QUIÉN FUE EL PRIMER AFRICANO EN GANAR EL BALÓN DE ORO?

28 UN PARTIDO ENTRE SELECCIONES TERMINÓ 31-0. ¿QUIÉNES SE ENFRENTARON?

29 ¿CUÁNTOS CAMPEONATOS INTERNACIONALES GANÓ DAVID BECKHAM?

30 ¿CUÁNTOS EQUIPOS PARTICIPAN EN LA COPA INTERCONTINENTAL?

31 ¿EN QUÉ AÑO SE FUNDÓ EL F.C. BARCELONA?

32 ¿Y QUÉ DEPORTISTA SUIZO LO FUNDÓ?

33 ¿CUÁNTOS EQUIPOS JUEGAN EN LA PRIMERA DIVISIÓN DE LA LIGA ESPAÑOLA?

34 ¿QUÉ INSTITUCIÓN GOBIERNA LAS FEDERACIONES DE FÚTBOL DE TODO EL PLANETA?

35 ¿CON QUÉ EQUIPO DEBUTÓ SERGIO RAMOS COMO PROFESIONAL?

36 ¿CUÁNTAS TARJETAS AMARILLAS SE NECESITAN PARA EXPULSAR A UN JUGADOR?

37 ¿CUÁNTOS BALONES DE ORO GANÓ FRANZ BECKENBAUER?

38 ¿EN QUÉ EQUIPO ESPAÑOL JUGÓ FERENC PUSKÁS?

39 ¿QUÉ JUGADOR BRASILEÑO ERA APODADO COMO "LA ALEGRÍA DEL PUEBLO"?

40 ¿CÓMO SE LLAMA LA MÁXIMA CATEGORÍA DEL SISTEMA DE LIGAS DE FÚTBOL DE INGLATERRA?

Las finales no se juegan, se ganan.

Di Stefano

41 ¿PARA QUÉ SELECCIÓN JUGABA EL EXFUBOLISTA CHRISTIAN VIERI EN SU CARRERA INTERNACIONAL?

42 ¿DE QUÉ NACIONALIDAD ERA EL FUTBOLISTA ÁNGEL LABRUNA?

43 ¿A QUÉ LIGA PERTENECE EL SHAKHTAR DONETSK?

44 ¿CUÁL FUE EL RESULTADO DE LA FINAL DEL MUNDIAL DE 1986?

45 ¿EN QUÉ EQUIPO ITALIANO TRIUNFÓ MICHEL PLATINI?

46 ¿QUÉ SELECCIÓN DE FÚTBOL SE CONOCE COMO "LA NARANJA MECÁNICA"?

47 ¿CUÁL FUE EL PRIMER EQUIPO EUROPEO EN EL QUE JUGÓ ROMÁRIO DE SOUZA?

48 ¿GANÓ ALGÚN BALÓN DE ORO ROBERTO BAGGIO?

49 HERNÁN CRESPO JUGÓ EN EL EN PARMA, LAZIO, INTER, CHELSEA, MILÁN Y GENOA. ¿VERDADERO O FALSO?

50 ¿QUÉ 2 CAMPEONATOS GANÓ LOTHAR MATTHÄUS CON LA SELECCIÓN ALEMANA?

51 ¿CUÁNTOS MUNDIALES GANÓ RIVALDO CON BRASIL?

52 ¿CÓMO SE LLAMAN LOS ÁRBITROS QUE ESTÁN A LOS COSTADOS DE LAS CANCHAS?

En su vida, un hombre puede cambiar de mujer, de partido político o de religión, pero no puede cambiar de equipo de fútbol.

Eduardo Galeano

53 ¿PARA QUÉ SELECCIÓN JUGÓ GEORGE BEST?

54 ¿CUÁL FUE EL ÚLTIMO EQUIPO DEL EXFUBOLISTA ITALIANO ANDREA PIRLO?

55 ¿EN QUÉ 2 EQUIPOS JUGÓ MARCO VAN BASTEN?

56 ¿CUÁNTAS COPAS MUNDIALES GANÓ CAFÚ?

57 ¿CON QUÉ APODO ERA CONOCIDO DIEGO ARMANDO MARADONA?

58 ¿EN QUÉ 3 EQUIPOS ARGENTINOS JUGÓ GABRIEL BATISTUTA?

59 ¿QUIÉN ES EL MÁXIMO GOLEADOR DE LA HISTORIA DE LOS MUNDIALES?

60 ¿QUÉ EQUIPOS ESPAÑOLES PROTAGONIZAN EL DENOMINADO CLÁSICO?

61 ¿DE QUÉ NACIONALIDAD ERA EL JUGADOR HUGO SÁNCHEZ?

62 ANDRÉS INIESTA JUGÓ EN EL ESPANYOL ANTES DE JUGAR EN EL FC BARCELONA ¿VERDADERO O FALSO?

63 ¿A QUÉ PAÍS PERTENECE LA LIGA CALCIO?

64 ¿PARA QUÉ SELECCIÓN JUGÓ RYAN GIGGS?

65 ¿EN QUÉ POSICIONES JUGABA MARIO ALBERTO KEMPES?

66 ¿EN QUÉ EQUIPO DEBUTÓ EL URUGUAYO LUIS SUÁREZ?

67 ¿EN QUÉ PAÍS SE CELEBRÓ EL MUNDIAL DE FÚTBOL DE 2014?

68 ¿DE QUÉ NACIONALIDAD ERA ALBERTO "TOTO" TERRY?

69 ¿EN QUÉ EQUIPO JUGÓ DURANTE MÁS TIEMPO EUSÉBIO DA SILVA FERREIRA?

70 ¿GANÓ ALGÚN MUNDIAL BOBBY CHARLTON?

71 ¿EN QUÉ CLUB DEBUTÓ RONALDINHO?

72 ¿QUIÉN FUE EL JUGADOR MÁS JOVEN EN DEBUTAR EN EL FÚTBOL?

73 ¿QUIÉN HA JUGADO MÁS PARTIDOS CON LA SELECCIÓN DE FÚTBOL DE FRANCIA?

74 ¿CUÁNTAS COPAS DE EUROPA GANÓ RONALD KOEMAN?

75 ¿DÓNDE SE JUGÓ LA PRIMERA COPA DEL MUNDO?

76 ¿Y QUIÉN LA GANÓ?

Jugar al fútbol es muy sencillo, pero jugar un fútbol sencillo es la cosa más difícil que hay.

Cruyff

77 ¿QUÉ EQUIPO DE FÚTBOL HA GANADO MÁS COPAS DE EUROPA? (A FECHA 2022)

78 ¿A QUIÉN SE OTORGA EL BALÓN DE ORO?

79 ¿EN QUÉ 2 EQUIPOS INGLESES JUGÓ ÉRIC CANTONA?

80 ¿QUÉ NOMBRE RECIBE LA LIGA DE FÚTBOL ALEMANA DE MÁXIMA CATEGORÍA?

81 ¿EN QUÉ EQUIPOS ITALIANOS JUGÓ MICHAEL LAUDRUP?

82 ¿DE QUÉ PAÍS ES EL JUGADOR DE FÚTBOL XAVI HERNÁNDEZ?

83 ¿QUIÉN ES EL GOLEADOR MÁS JOVEN DE LA PREMIER LEAGUE?

84 ¿QUIÉN MARCÓ EL HAT-TRICK MÁS RÁPIDO DE LA CHAMPIONS LEAGUE?

85 ¿QUIÉN FUE EL RIVAL DEL REAL MADRID EN LA FINAL DE LA EDICIÓN INAUGURAL DE LA COPA DE EUROPA?

86 REAL MADRID Y BARCELONA SON LOS DOS EQUIPOS QUE MÁS PARTIDOS HAN DISPUTADO EN EL FORMATO CHAMPIONS LEAGUE. ¿QUIÉN ES EL TERCERO?

87 GIGI BUFFON NO HA CONQUISTADO NUNCA LA CHAMPIONS LEAGUE ¿VERDADERO O FALSO?

88 EL TROFEO PICHICHI SE OTORGA AL MÁXIMO GOLEADOR DE LA PRIMERA DIVISIÓN ¿DE QUÉ PAÍS?

89 CUANDO HABLAMOS DEL «MILAGRO DE BERNA» NOS REFERIMOS A:

90 ¿QUÉ PAÍS HA GANADO EN MÁS OCASIONES LA COPA MUNDIAL DE FÚTBOL SUB-20?

91 ¿EN QUÉ POSICIÓN JUGABA EL ALEMÁN LOTHAR MATTHÄUS?

92 ¿QUIÉN DIJO LA POLÉMICA FRASE «EL ÚNICO GOL DE CABEZA IMPORTANTE QUE MARCÓ MARADONA FUE CON LA MANO»?

93 ¿QUÉ PAÍS HA GANADO MÁS VECES LA COPA MUNDIAL FEMENINA DE FÚTBOL?

94 ¿CON QUÉ NOMBRE SE BAUTIZÓ EL PRIMER TROFEO DE LA COPA MUNDIAL DE FÚTBOL?

95 ¿QUÉ ESCRITOR FUE EL PRIMER PORTERO DE LA HISTORIA DEL PORTSMOUTH FOOTBALL CLUB?

96 ¿QUÉ JUGADOR HA DISPUTADO MÁS PARTIDOS EN LA HISTORIA DE LA CHAMPIONS LEAGUE?

El fútbol no es un juego, es magia.

Beckham

97 EL NÁPOLES NUNCA HA CONQUISTADO LA COPA DE EUROPA ¿VERDADERO O FALSO?

98 ¿QUÉ DELANTERO MARCÓ EN LA CHAMPIONS LEAGUE PARA SEIS EQUIPOS DIFERENTES?

99 ¿QUÉ TRES SELECCIONES HAN GANADO LA COPA DEL MUNDO EN DOS OCASIONES?

100 ¿EN QUÉ COPA DEL MUNDO DIEGO MARADONA FIRMÓ LA FAMOSA 'MANO DE DIOS'?

101 ¿QUÉ JUGADOR FUE EXPULSADO POR MORDER A OTRO EN EL MUNDIAL DE 2014?

102 ¿ANTE QUÉ EQUIPO EL REAL MADRID COMETIÓ ALINEACIÓN INDEBIDA AL JUGAR CHERYSHEV?

103 ¿QUÉ SELECCIÓN LLEGÓ A TRES FINALES DE LA COPA DEL MUNDO PERO NUNCA GANÓ EL TÍTULO?

104 LA COPA DEL MUNDO DE 2026 SE JUGARÁ EN TRES PAÍSES DIFERENTES. ¿EN CUÁLES?

105 ¿QUÉ EX TÉCNICO DEL TOTTENHAM HA COMPETIDO EN EL RALLY DAKAR?

106 "PEDRO LEÓN NO ES NI ZIDANE, NI DI STÉFANO NI MARADONA". ¿QUIÉN DIJO ESA FRASE?

107 TRES PERSONAS GANARON LA COPA DEL MUNDO COMO JUGADORES Y COMO TÉCNICOS: MARIO ZAGALLO, DIDIER DESCHAMPS Y... ¿QUIÉN MÁS?

108 LA ESTRELLA DE ROCK ELTON JOHN FUE DOS VECES DUEÑO DE UN CLUB. ¿DE CUÁL?

109 ¿QUÉ JUGADOR REVOLEÓ UNA BOTA A UN LINIER JUGANDO PARA EL ATLÉTICO MADRID?

110 DOS JUGADORES INGLESES HAN SIDO 'PICHICHI' EN UNA COPA DEL MUNDO. ¿QUIÉNES SON?

111 ¿EN QUÉ AÑO DIJO MESSI QUE RENUNCIABA A LA SELECCIÓN ARGENTINA?

112 ¿QUÉ EXPRESIÓN GRITA CRISTIANO RONALDO CUANDO MARCA UN GOL?

El éxito sin honor es un fracaso.

Vicente del Bosque

113 ¿EN QUÉ TEMPORADA LA COPA DE EUROPA COMENZÓ A DENOMINARSE CHAMPIONS LEAGUE?

114 ¿CUÁL FUE EL PRIMER EQUIPO BRITÁNICO EN GANAR LA COPA DE EUROPA?

115 SÓLO UN CLUB DE RUMANÍA GANÓ LA COPA DE EUROPA. ¿CUÁL?

116 ¿QUIÉN ES EL JUGADOR CON MÁS TÍTULOS GANADOS EN LA CHAMPIONS LEAGUE?

117 ¿QUÉ EQUIPO SUDAMERICANO TIENE MÁS COPAS LIBERTADORES EN SU PALMARÉS?

118 ¿CUÁL ES EL APODO DEL LEICESTER CITY?

119 ¿DE QUÉ PAÍS ES EL FC OTELUL GALATI?

120 ¿A CUÁNTOS METROS DE LA PORTERÍA ESTÁ EL PUNTO DE PENALTI?

121 ¿QUIÉN FUE EL PRIMER FUTBOLISTA PROFESIONAL?

122 ¿A QUÉ SELECCIÓN DE FÚTBOL ANIMA LA TORCIDA?

123 ¿CUÁL ES EL CAMPO DE FÚTBOL MÁS GRANDE DEL MUNDO?

124 ¿CUÁL FUE EL PRIMER CLUB DE FÚTBOL FRANCÉS EN GANAR LA COPA DE EUROPA?

125 ¿QUIÉN ERA EL ENTRENADOR DEL BARCELONA CUANDO DEBUTÓ JORDI CRUYFF EN EL PRIMER EQUIPO?

126 ¿QUÉ ENTRENADOR DE FÚTBOL TIENE MÁS TÍTULOS DEL MUNDO?

127 ¿QUÉ PRIMER ENTRENADOR GANÓ LA COPA DE EUROPA DESPUÉS DE HACERLO COMO FUTBOLISTA?

128 EN UN SAQUE DE BANDA NO SE APLICA LA NORMA DE FUERA DE JUEGO ¿VERDADERO O FALSO?

Gran parte del éxito en el fútbol está en la mente. Debes creer que eres el mejor y asegurarte de que lo eres.

Bill Shankly

129 ¿CON QUÉ EQUIPO GANÓ SU PRIMERA LIGA ALFREDO DI STÉFANO?

130 ¿CUÁNTAS REGLAS RIGEN EL FÚTBOL?

131 ¿QUÉ JUGADOR ESPAÑOL TIENE MÁS PARTIDOS DE FÚTBOL EN PRIMERA DIVISIÓN?

132 CRISTIANO RONALDO ES UN JUGADOR ZURDO ¿VERDADERO O FALSO?

133 ¿CÓMO ES CONOCIDO MUNDIALMENTE EDSON ARANTES DO NASCIMENTO?

134 ¿QUÉ CLUB TIENE EL RECORD DE PARTICIPACIONES CONSECUTIVAS EN LA CHAMPIONS?

135 ¿QUÉ EQUIPO ACUMULA MÁS MINUTOS SEGUIDOS SIN ENCAJAR UN SOLO GOL EN LA CHAMPIONS?

136 ¿QUIÉN HA METIDO EL GOL MÁS RÁPIDO EN LA HISTORIA DE LA CHAMPIONS?

137 ¿QUIÉN HA SIDO EL DEBUTANTE MÁS JOVEN DE LA CHAMPIONS?

138 ¿CUÁL ES EL EQUIPO DE LA LIGA DE EEUU (MLS) EN EL QUE DAVID BECKHAM ES PRESIDENTE Y CO-DUEÑO?

139 ¿QUÉ EQUIPO DIRIGÍA DIEGO MARADONA ANTES DE FALLECER?

140 ¿QUÉ EQUIPO DE ESPAÑA JUGABA EN EL ESTADIO VICENTE CALDERÓN?

Cuando la gente tiene éxito, es gracias al trabajo duro. La suerte no tiene nada que ver con el éxito.

Diego Maradona

SOLUCIONES:

1: LEV YASHIN.

2: EL MILÁN.

3: MEDIOCAMPISTA.

4: DEL INTER DE MILÁN.

5: ARGENTINOS JUNIORS.

6: EL EXJUGADOR BRASILEÑO PELÉ.

7: ALEMANIA.

8: EN EL AÑO 2009.

9: EL LIVERPOOL.

10: UNO, EN EL AÑO 2000.

11: EN EL NEW YORK REDBULLS.

12: SÍ, EN 1938 Y EN 1998.

13: EL BAYERN DE MÚNICH.

14: LA MLS (MAJOR LEAGUE SOCCER).

15: DE PORTERO.

16: EN EL MANCHESTER UNITED.

17: HASTA AHORA NINGUNO.

18: EN EL BARCELONA.

SOLUCIONES:

19: FALSO, DESDE 1970 ADIDAS FABRICA EL CUERO DEL MUNDIAL.

20: UN LOBO.

21: DOS, EN 1978 Y EN 1986.

22: ZINEDINE ZIDANE.

23: OLD TRAFFORD.

24: FRANCESA.

25: URUGUAY Y BRASIL.

26: EL AUSTRÍACO MATTHIAS SINDELAR.

27: EL LIBERIANO GEORGE WEAH, EN 1995.

28: AUSTRALIA Y SAMOA AMERICANA.

29: UNA LIGA DE CAMPEONES Y UNA COPA INTERCONTINENTAL.

30: 2 EQUIPOS, EL CAMPEÓN DE LA LIGA DE CAMPEONES DE LA UEFA Y EL VENCEDOR DE LA COPA LIBERTADORES.

31: EN 1899.

32: HANS GAMPER.

33: 20 EQUIPOS.

34: LA FIFA.

35: CON EL SEVILLA FC.

36: DOS TARJETAS AMARILLAS.

SOLUCIONES:

37: DOS, UNO EN 1972 Y OTRO EN 1976.

38: EN EL REAL MADRID.

39: GARRINCHA.

40: PREMIER LEAGUE O THE PREMIERSHIP.

41: PARA LA SELECCIÓN ITALIANA.

42: ARGENTINA.

43: A LA LIGA PREMIER UCRANIANA.

44: ARGENTINA 3 ALEMANIA 2.

45: EN LA JUVENTUS.

46: LA SELECCIÓN DE FÚTBOL DE LOS PAÍSES BAJOS.

47: EN EL PSV EINDHOVEN.

48: SÍ, EL DE 1993.

49: VERDADERO.

50: EL MUNDIAL DE 1990 Y LA EUROCOPA DE 1980.

51: UNO, EL DE 2002 EN COREA DEL SUR Y JAPÓN.

52: JUECES DE LÍNEA O LINIERES.

53: PARA IRLANDA DEL NORTE.

54: EL NEW YORK CITY DE ESTADOS UNIDOS.

SOLUCIONES:

55: EN EL AJAX DE AMSTERDAM Y EN EL MILAN.

56: DOS: 1994 EN EE.UU Y 2002 EN COREA DEL SUR Y JAPÓN.

57: 'EL PELUSA'.

58: EN NEWELL'S OLD BOYS, RIVER PLATE Y BOCA JUNIORS.

59: MIROSLAV KLOSE, CON 16 GOLES ANOTADOS CON ALEMANIA.

60: EL BARCELONA Y EL REAL MADRID.

61: MEXICANA.

62: FALSO.

63: A ITALIA.

64: PARA LA SELECCIÓN DE GALES.

65: MEDIOCAMPISTA OFENSIVO O DELANTERO POR LA IZQUIERDA.

66: EN EL EQUIPO URUGUAYO NACIONAL F.C.

67: BRASIL.

68: PERUANO.

69: EN EL BENFICA PORTUGUÉS.

70: SÍ, LA COPA MUNDIAL DE 1966 CON INGLATERRA.

71: EN EL GREMIO DE PORTO ALEGRE, EN 1998.

72: EL BOLIVIANO MAURICIO BALDIVIESO, DEBUTÓ A LOS 12 AÑOS EN LA PRIMERA DIVISIÓN DE BOLIVIA.

El fútbol es la cosa más importante de las cosas menos importantes.

Arrigo Sacchi

SOLUCIONES:

73: LILIAN THURAM, DE 1994 A 2008 JUGÓ 142 PARTIDOS.

74: DOS, UNA EN 1988 CON EL PSV Y OTRA EN 1992 CON EL BARCELONA.

75: EN URUGUAY, EN 1930.

76: URUGUAY.

77: EL REAL MADRID.

78: AL MEJOR FUTBOLISTA MUNDIAL DEL AÑO.

79: EN EL LEEDS UNITED Y EN EL MANCHESTER UNITED.

80: BUNDESLIGA.

81: EN LA LAZIO Y EN LA JUVENTUS.

82: ESPAÑA.

83: JAMES VAUGHAN - 16 AÑOS, 8 MESES Y 27 DÍAS.

84: BAFÉTIMBI GOMIS.

85: STADE DE REIMS.

86: EL BAYERN.

87: VERDADERO.

88: ESPAÑA.

89: LA FINAL DE LA COPA MUNDIAL DE FÚTBOL DE 1954.

90: ARGENTINA.

SOLUCIONES:

91: CENTROCAMPISTA.

92: PELÉ.

93: ESTADOS UNIDOS.

94: JULES RIMET.

95: SIR ARTHUR CONAN DOYLE.

96: CRISTIANO RONALDO.

97: VERDADERO.

98: ZLATAN IBRAHIMOVIC.

99: ARGENTINA, FRANCIA Y URUGUAY.

100: MÉXICO 1986.

101: LUIS SUÁREZ.

102: ANTE EL CÁDIZ.

103: HOLANDA.

104: ESTADOS UNIDOS, CANADÁ Y MÉXICO.

105: ANDRE VILLAS-BOAS.

106: JOSÉ MOURINHO.

107: FRANZ BECKENBAUER.

108: WATFORD.

SOLUCIONES:

109: ARDA TURAN.

110: GARY LINEKER (1986) Y HARRY KANE (2018).

111: 2016 (TRAS PERDER LA FINAL DE LA COPA AMÉRICA).

112: "¡SUUU!".

113: 1992-93.

114: CELTIC (1966-67).

115: STEAUA BUCAREST (AHORA FCSB).

116: FRANCISCO GENTO (6 CON EL REAL MADRID).

117: INDEPENDIENTE.

118: LOS ZORROS.

119: RUMANÍA.

120: A 11.

121: FERGUS «FERGIE» SUTER.

122: A LA SELECCIÓN BRASILEÑA.

123: RUNGRADO PRIMERO DE MAYO, EN PYONGYANG.

124: OLIMPIQUE DE MARSELLA EN 1993.

125: JOHAN CRUYFF.

126: SIR ALEX FERGUSON CON 49 TÍTULOS.

SOLUCIONES:

127: MIGUEL MUÑOZ.

128: VERDADERO.

129: CON EL RIVER PLATE.

130: 17.

131: ZUBIZARRETA, CON 662 PARTIDOS.

132: FALSO.

133: COMO PELÉ.

134: EL REAL MADRID.

135: EL ARSENAL.

136: ROY MAKAAY.

137: CELESTINE BABAYARO.

138: INTER MIAMI CF.

139: CLUB GIMNASIA Y ESGRIMA DE LA PLATA.

140: EL ATLÉTICO DE MADRID.

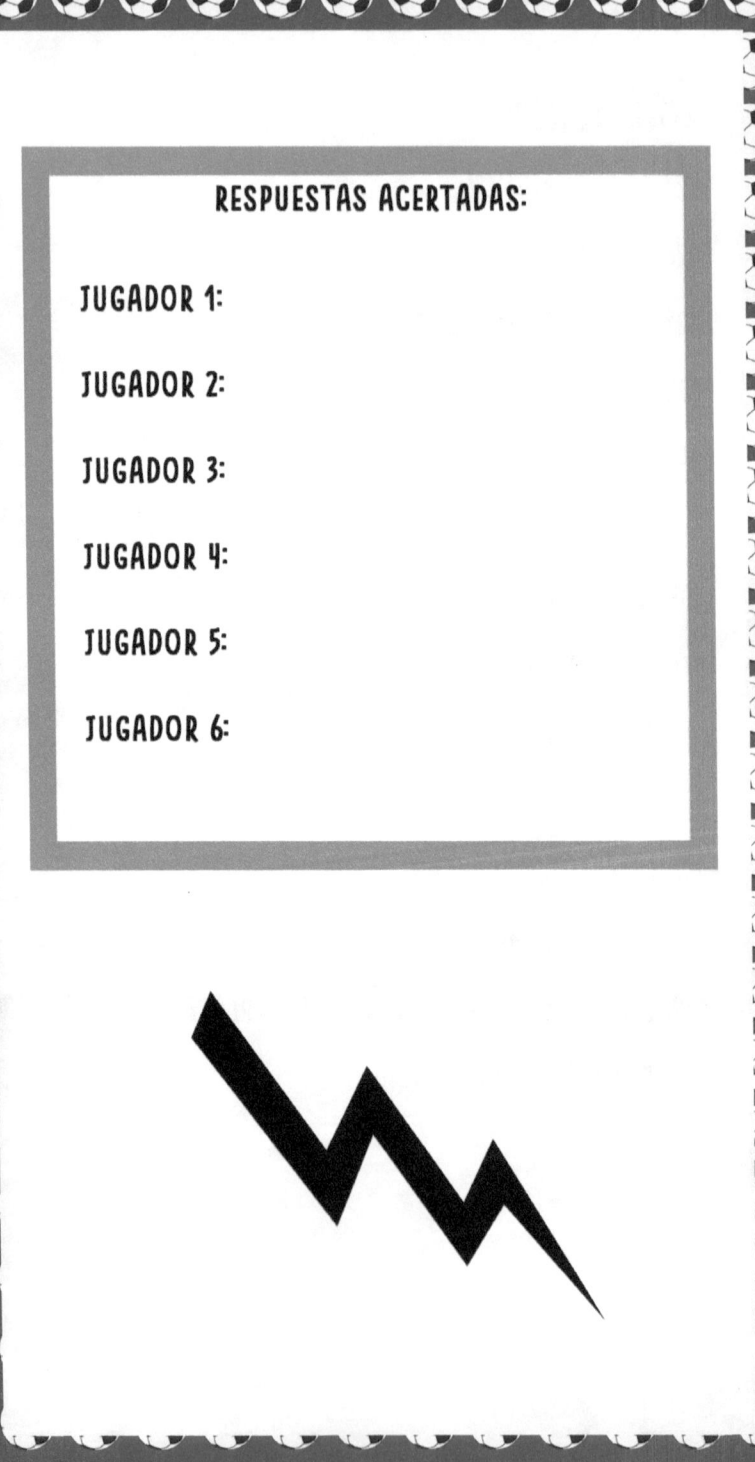

RESPUESTAS ACERTADAS:

JUGADOR 1:

JUGADOR 2:

JUGADOR 3:

JUGADOR 4:

JUGADOR 5:

JUGADOR 6:

Yo no la toqué, fue la mano de Dios.

— Diego Armando Maradona

¿CUÁNTO SABES DE FÚTBOL?

www.ingramcontent.com/pod-product-compliance
Lightning Source LLC
LaVergne TN
LVHW041636070526
838199LV00052B/3394